¿Qué hace un ortodoncista?

Julie Murray

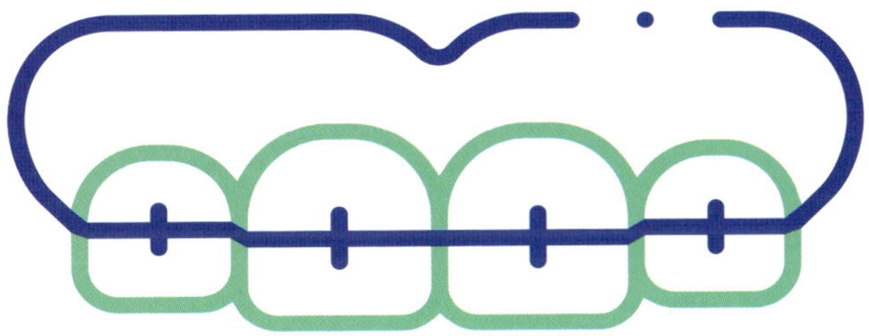

Abdo Kids Junior es una
subdivisión de Abdo Kids
abdobooks.com

Abdo
DIENTES SONRIENTES
Kids

abdobooks.com

Published by Abdo Kids, a division of ABDO, P.O. Box 398166, Minneapolis, Minnesota 55439.

Printed in the United States of America, North Mankato, Minnesota.

Printed in China

102024

012025

THIS BOOK CONTAINS RECYCLED MATERIALS

Spanish Translator: Maria Puchol

Photo Credits: Getty Images, Shutterstock

Production Contributors: Teddy Borth, Jennie Forsberg, Grace Hansen

Design Contributors: Candice Keimig, Pakou Moua

Library of Congress Control Number: 2024939033

Publisher's Cataloging-in-Publication Data

Names: Murray, Julie, author.

Title: ¿Qué hace un ortodoncista?/ by Julie Murray.

Other title: What does an orthodontist do?. Spanish

Description: Minneapolis, Minnesota: Abdo Kids, 2025. | Series: Dientes sonrientes | Includes online resources and index

Identifiers: ISBN 9798384904212 (lib.bdg.) | ISBN 9798384904779 (ebook)

Subjects: LCSH: Orthodontists--Juvenile literature. | Teeth--Care and hygiene--Juvenile literature. | Dental health education--Juvenile literature. | Spanish language materials--Juvenile literature.

Classification: DDC 617.6--dc23

Contenido

¿Qué hace un ortodoncista?

Los ortodoncistas son un tipo especial de dentista.

Ayudan para que los dientes y la mandíbula estén **alineados**.

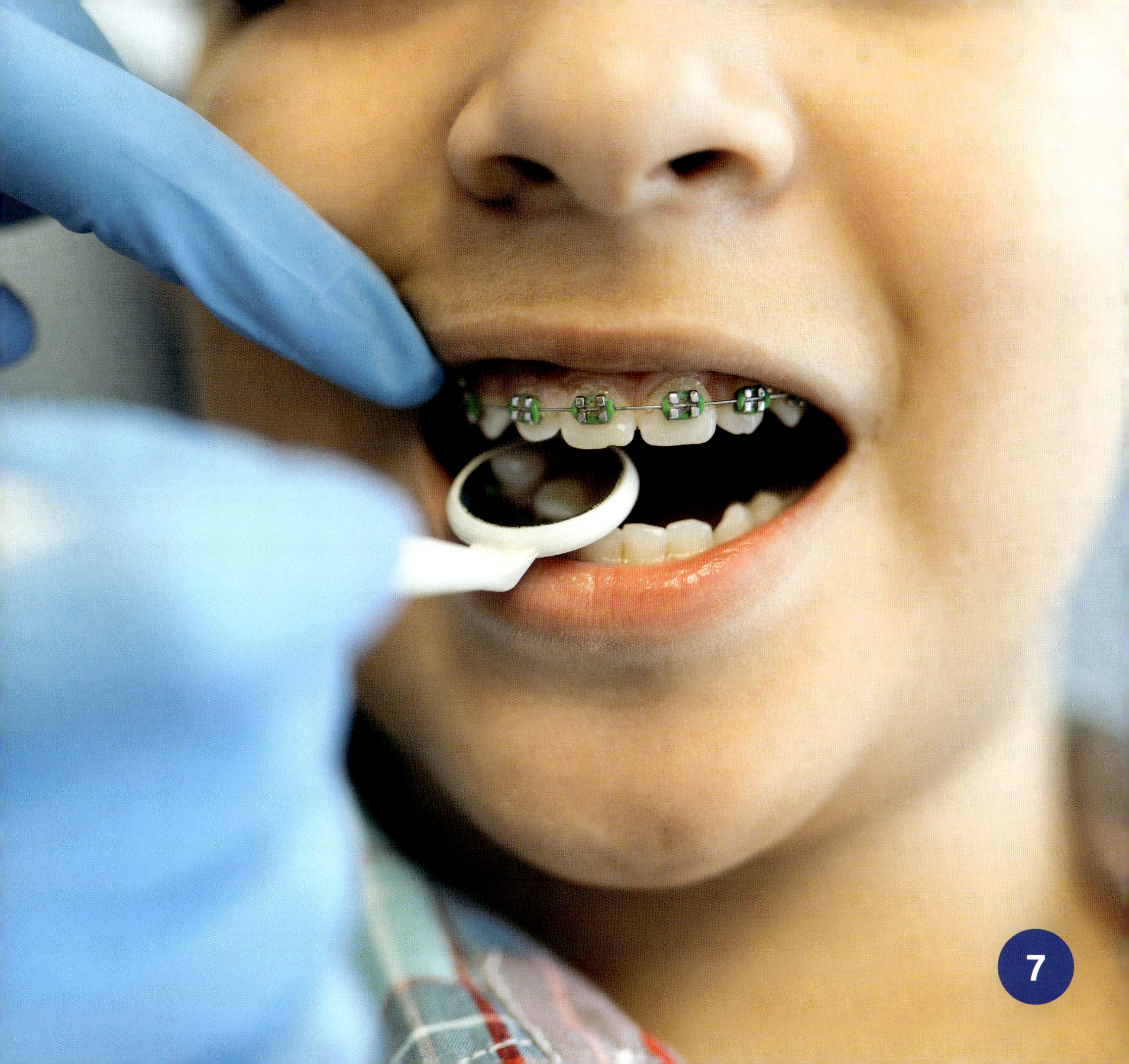

Toman radiografías con **rayos X**. ¡Amy puede ver todos sus dientes!

Usan instrumentos especiales para hacer su trabajo.

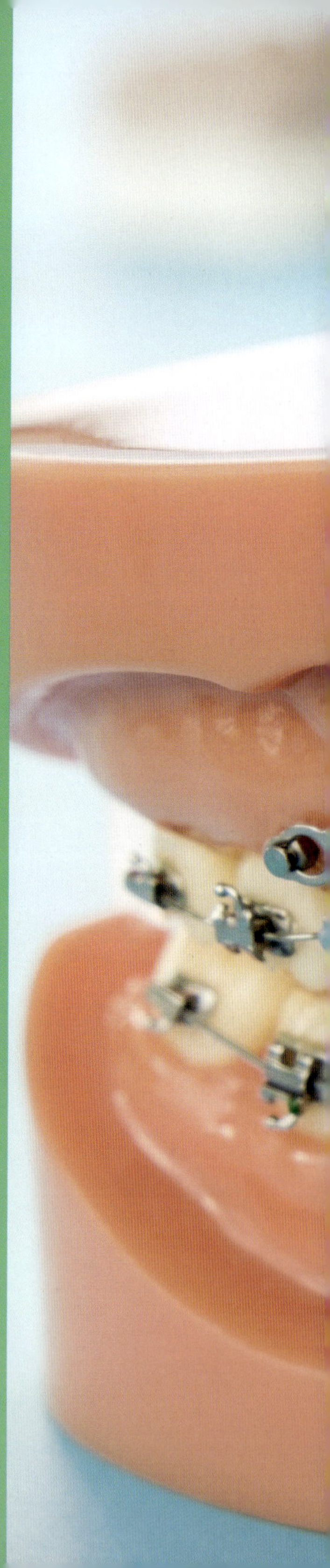

Los ortodoncistas ayudan a corregir los problemas de mordida.

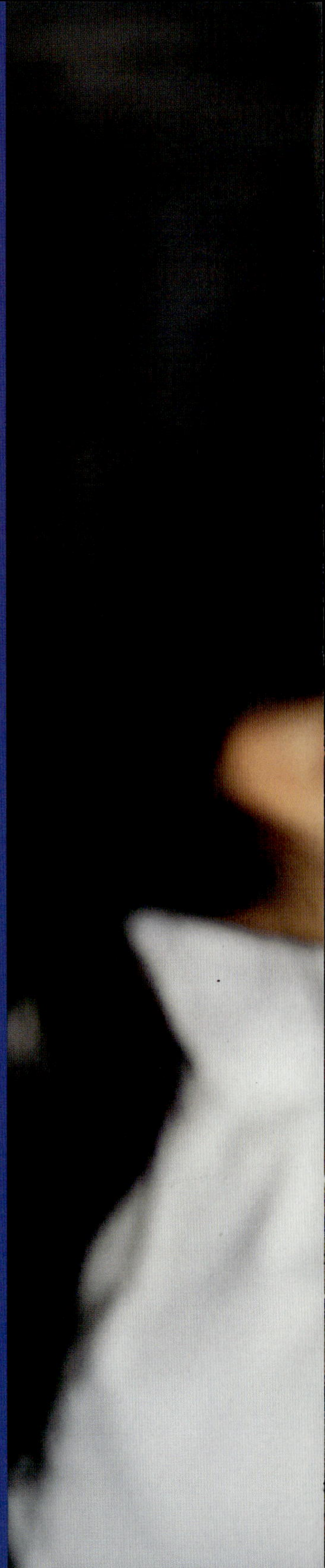

A Josh le ponen aparato dental para alinear los dientes.

Diana usa ligas con su aparato dental. Así puede corregir la mordida.

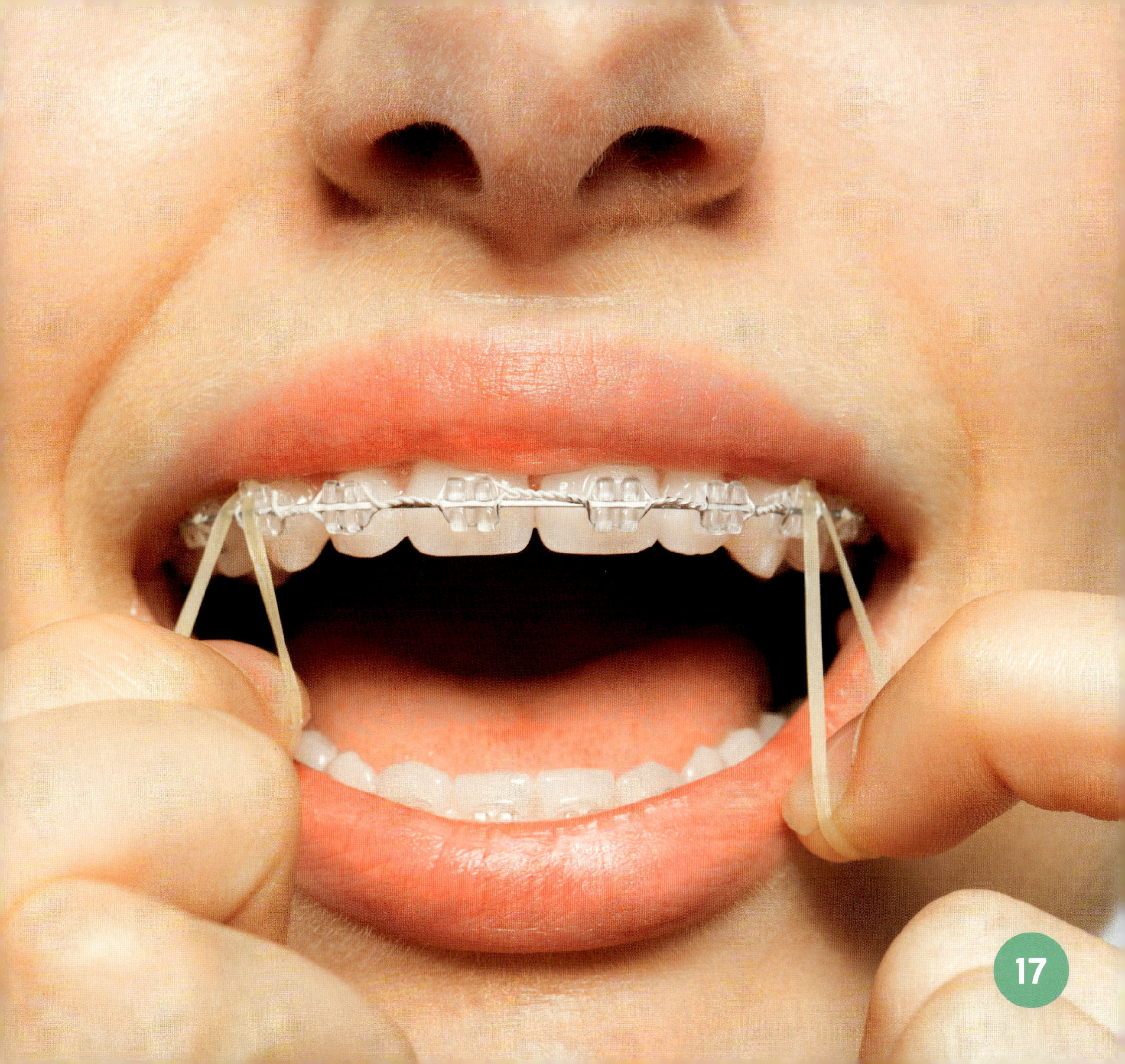

Maria lleva aparato. Así puede cerrar el espacio entre los dientes.

Los ortodoncistas contribuyen a que la gente tenga una sonrisa bonita y saludable.

Tipos de mordida

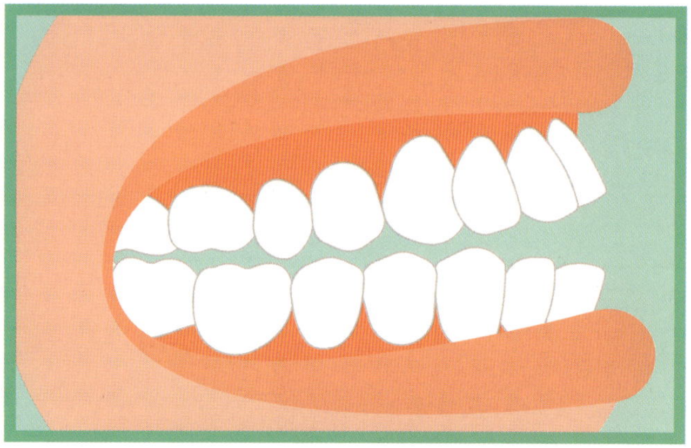

mordida abierta

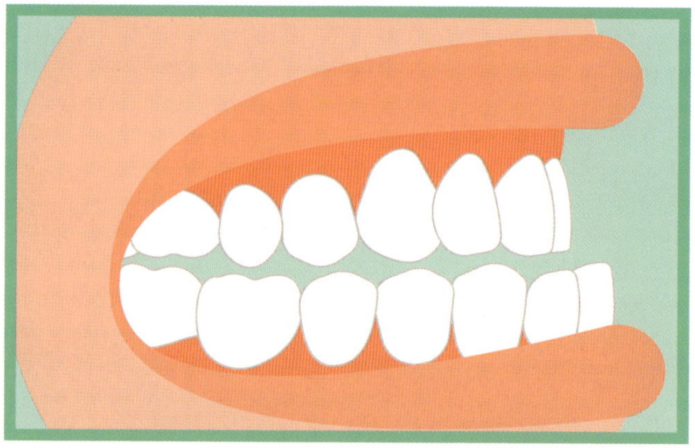

mordida invertida

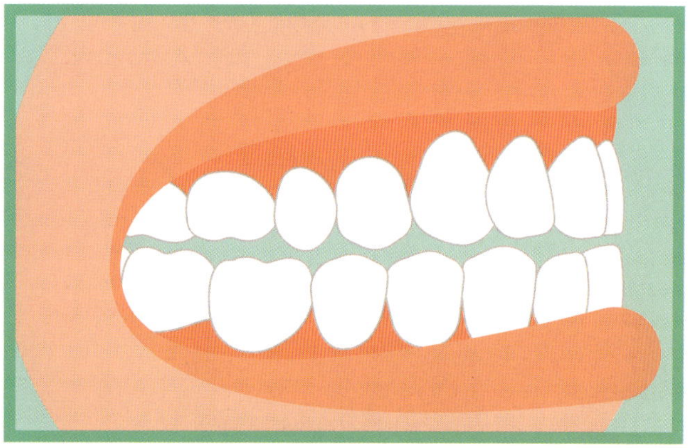

mordida sana

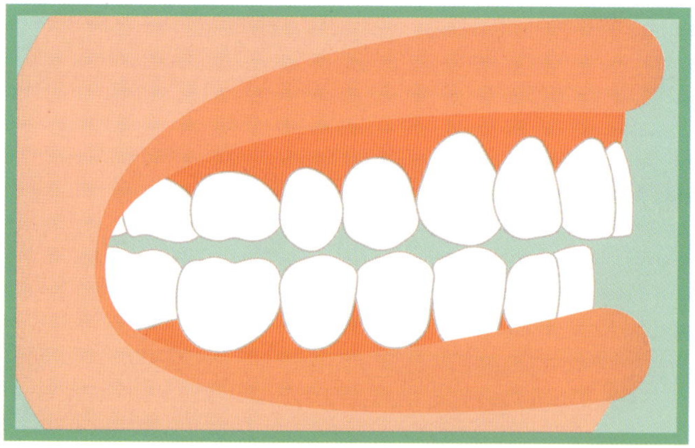

sobremordida

Glosario

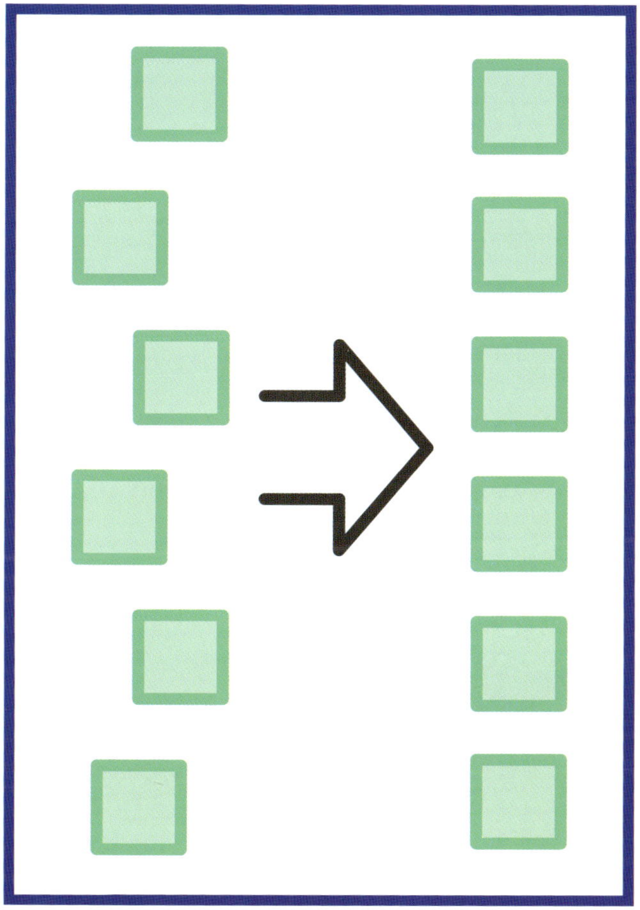

alinear
arreglar en una línea recta.

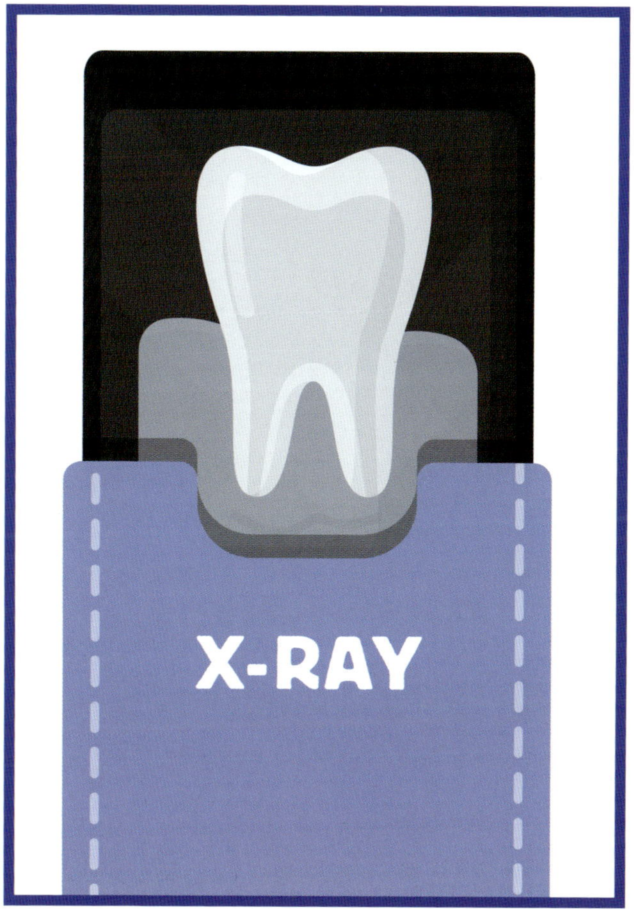

rayos X
fotografía del interior del cuerpo tomada con una máquina especial.

Índice

Abdo Kids
ONLINE
FREE! ONLINE MULTIMEDIA RESOURCES

¡Visita nuestra página **abdokids.com** y usa este código para tener acceso a juegos, manualidades, videos y mucho más!

Los recursos de internet están en inglés.

Usa este código Abdo Kids

TWK8404

¡o escanea este código QR!